SCÈNES

D'UNE PAUVRE VIE.

par le pasteur Jacques RECLUS

Je puis dire en toute vérité, que j'ai un grand besoin de Christ. Dieu soit loué, je puis dire en toute assurance : j'ai un grand Christ pour mon besoin.
(Pensées de Thomas Adam. p. 205).

PAU

TYPOGRAPHIE ET LITHOGRAPHIE VERONESE,

Rue Cours Bayard, 1.

— 1858 —

1864

SCÈNES D'UNE PAUVRE VIE

I.

AMBASSADE POUR DEMANDER LA PAIX (LUC XIV, 31-32).

Communications intimes.

« Et Abraham se prosterna devant le peuple du pays.» (Gen. XXIII, 12).

« Et Jacob dit aux bergers : Mes frères, d'où êtes-» vous ? » (Gen. XXIX, 4).

« Et Joseph demanda à ces eunuques de Pharaon...

» d'où vient que vous avez aujourd'hui si mauvais visa-
» ge ? » (Gen. XI, 6-7).

« Et Moïse sortit au devant de son beau-père, et s'é-
» tant prosterné, il le baisa, et ils s'enquirent l'un l'au-
» tre touchant leur prospérité, puis ils entrèrent dans la
» tente. » (Escod. XVIII, 7).

« Or David envoya ses gens et leur dit : Montez en
» Carmel, et allez vous en vers Nabal, et saluez-le en
» mon nom, et lui dites : Autant en puisses-tu faire l'an-
» née prochaine, en la même saison, et que tu te portes
» bien toi et la maison, et tout ce qui est à toi !... Nous
» te prions de donner à tes serviteurs, et à David, ton fils,
» ce qui te viendra en main. » (1 Sam. XXV, 4-8, p)

« Seigneur, fais, je te prie, prospérer ton serviteur,
» et fais qu'il trouve grâce envers cet homme-ci. Et j'é-
» tais échanson du roi. » (Neh. I, 11).

« Et quand vous entrez dans quelque maison, saluez-
» la. » (Matth. X, 12).

» Alors Paul s'étant levé, et ayant fait signe de la
» main qu'on fit silence, dit : Hommes israëlites, et vous
» qui craignez Dieu, écoutez. » (Act. XIII, 16).

» ..... Paul... parla ainsi.... Roi Agrippa, je m'es-

» time heureux de ce que je dois répondre aujourd'hui
» devant toi, de toutes les choses dont je suis accusé par
» les Juifs. » (Act. XXVI, 1-2).

« Mes frères, quant à la bonne affection de mon cœur,
» et à la prière que je fais à Dieu pour Israël, c'est qu'ils
» soient sauvés. » (Rom. X, 1).

« Recevez-nous. » (2 Cor. VII, 2).

« Pierre. . . . aux élus, étrangers. . . . . *élus* selon la
» prescience de Dieu le Père par la sanctification de
» l'Esprit, pour l'obéissance et l'aspersion du sang de
» Jésus-Christ, que la grâce et la paix vous soient mul-
» tipliées. » (1 Pier. I, 1-2).

« L'ancien à Gaïus, le bien aimé que j'aime en vé-
» rité. Bien aimé, je souhaite que tu prospères en toutes
» choses, et que tu sois en santé comme ton âme est en
» prospérité. » (3 Jean, I, 2).

Sous la sauvegarde de ces bonnes paroles, de ces
actes de respectueuse courtoisie, de ces préceptes et de
ces exemples de bienveillance et d'amour, permettez-
moi, bien aimés, de m'approcher de votre oreille et
de votre cœur; et souffrez que je vous prie d'accueil-
lir avec indulgence ces révélations amicales, à mesure

qu'elles vous seront présentées. Consentez maintenant à vous tourner vers moi pour entendre les explications dont je sens le besoin de faire précéder ma mise en scène devant vous. « Supportez-moi comme un ⋅impru-
» dent » si vous trouvez que ce que je dis, « je ne le dis
» pas selon le Seigneur, mais comme par imprudence ».

Tous ceux qui ont écrit leurs mémoires (ne serait-ce que l'humble Carrière d'un Frère Morave), ont dû nécessairement les écrire pendant leur vie. De ce fait inévitable, au fait accidentel de les publier dans le cours de cette même vie, il n'y a qu'un pas à franchir ; et cette enjambée a été faite maintefois en notre siècle, par des hommes de positions diverses. Après des années d'hésitation, je voudrais pouvoir dire, après d'ardentes prières, je me décide à entrer à mon tour dans ce sentier sur lequel on trouve des traces qu'il ne saurait être honteux de suivre, moralement parlant, lors même qu'on en serait très loin sous le rapport de l'importance du personnage, des sujets et de la manière de les traiter. Il n'est même pas difficile de concevoir telle situation temporelle, qui, sous plusieurs points de vue, ferait de l'impression d'un livre un acte tout simple, et complètement consciencieux et moral, et je me surprends à penser que cette autobiographie serait tout-à-fait dans ce cas. — Je n'aurais, dès-lors, qu'à tâcher de réaliser dans l'abaissement de ma propre sphère, la droiture et la candeur de Paul faisant son apologie devant Agrippa et Festus, s'excusant d'avoir repris avec sévérité le souverain sacrifica-

teur Ananias, ou s'accusant d'avoir « été un blasphéma-
teur, un persécuteur et un oppresseur ». Ou plutôt, pour
nous mouvoir dans un cercle plus rapproché de nous, il
ne faudrait, en changeant ce qui devrait être changé,
que faire une sorte de copie de l'un des livres les plus
instructifs et les plus édifiants de notre époque.....
Quelques dispensations de Dieu envers Georges Muller.

Le bien que je sais avoir reçu de plusieurs publications
de ce genre m'a porté plus d'une fois, à m'imaginer que,
quelle que soit la pauvreté de ma vie, et l'insignifiance
de ma personne, je pourrais faire un livre utile et presque intéressant, si je parvenais à mettre, dans le récit de
ce qui me concerne, une entière sincérité. Mais j'ai eu à me
demander depuis, non seulement si j'oserais avoir, mais
même s'il serait bon que j'eusse celle qui consisterait à
tout dire. Je crois que, sauf les aveux de péché et de misère que renferme la Bible, il n'existe guère de véritables,
ou du moins de complètes confessions. Il me semble que
la franchise de celles d'Augustin que je ne chercherai pas
à contester ici, est due, en grande partie, à la forme même qu'il a adoptée. On sait que c'est à Dieu et non à
l'homme qu'il déclare les péchés et les iniquités de sa
vie. Et quel est le chrétien qui ne dise chaque jour au
Seigneur des choses qu'il ne dirait certainement pas à
ses plus intimes amis? « Je serais prêt », dit Thomas Adam,
l'un des hommes pourtant qui a le mieux anatomisé la
nature pécheresse, en faisant ses expériences plus en-

core sur lui-même que sur ses semblables, « je serais prêt à mourir de honte et de chagrin, si les autres savaient ce que j'ai fait dans le monde, et ce que je suis ». — Il est probable du reste qu'une manifestation trop ouverte de nous-mêmes causerait plus de scandale aux mondains que d'édification aux enfants de Dieu, si même elle en procurait aucune à ces derniers, qui, d'ailleurs, comprennent à demi-mot. Par un simple retour sur eux-mêmes, ils savent trop bien, pour avoir besoin de beaucoup de détails, ce que doit produire « le cœur rusé et désespérément malin par dessus toutes choses.... » Mes bien aimés lecteurs, si j'en ai, sauront donc dès l'entrée, que quoique, au moins pour le fond, je ne veuille pas cacher mon péché comme Adam, je ne veux pas non plus le publier comme Sodome. C'est dire que je n'arrêterai pas les regards de tous sur toutes les plaies de mon âme et sur tous les péchés de ma conduite, de manière qu'on puisse, en quelque sorte, « les prendre à deux mains », selon l'expression de Zinzendorf. — Ainsi, quelque dénué de bien, quelque rempli de mal que je doive vous apparaître bientôt, je suis tenu d'avouer que vous ne me verrez encore que dans mes habits de fête. Qu'il est triste pourtant d'avoir à me déclarer pire que ce livre ne va me montrer !

Mais est-il donc convenu que je vais faire un livre, et peut-être un assez gros livre ? J'espère que la rougeur me monterait au front si je voyais sur la table de mes amis quelque in-octavo de mon cru, les entretenant de ce Moi qui s'appelle.... Rien, ou de ce Rien qui s'appelle

Moi ! (*) Certes, il faut bien que dans ma pauvre vie fi-
gurent en passant quelques noms aimés, — de respecta-
bles principes méconnus du grand nombre, mais d'autant plus empreints du sceau de la vérité, et d'autant
plus dignes d'être serrés sur le cœur des chrétiens simples, qui savent que cette vérité réclame leur témoignage,
aussi mince et aussi méprisé qu'il puisse être ; il faut bien
surtout que cette carrière, si misérable d'un côté, soit,
sous un autre aspect, un monument des gratuités infinies
du Dieu Sauveur, pour que je me croie permis de la produire devant un public quelconque. — Mais aux divers
titres que je viens d'énumérer, je puis consentir à voir entre les mains, soit des membres de ma famille, soit de mes
frères en Christ, soit d'autant de personnes qu'il s'en
trouvera de disposées à les parcourir, — un nombre in-
déterminé de brochures dont chacune, pour être lue,
n'exigera pas au-delà d'une demie-heure, qui, de plus,
ne devront paraître qu'à des intervalles raisonnablement
espacés, enfin à l'égard desquelles je me réserve la
faculté d'intervertir l'ordre des livraisons. Je me sens
d'autant plus libre de poser de telles conditions que je ne
lie personne à l'acquisition de l'ensemble. — Si deux ou
trois des premières brochures ne s'écoulent pas, ce sera
un avertissement tacite, mais surabondamment clair, que

(*) Je ne puis, pour le moment du moins, me résoudre à écrire mon
autre nom avec les six lettres qu'il contient. On voudra bien respecter
cet anonyme qui ne me voile guère plus que mon obscurité personnel-
le, et il faudra que, quelque fatigant que ce soit pour les yeux et pour
la pensée, on se contente, pour la plupart des cas, ou de simples initia-
les, ou même de blancs complets.

le reste de ces notes doit demeurer encore en porte-feuille. — Et dans ce cas, je demande par avance pardon à mes lecteurs qui se seront comptés par unités ou par dizaines, d'avoir pris quelques minutes de leur temps, et reçu quelques centimes de leur monnaie. Si les convenances permettaient un remboursement, il me serait d'autant plus facile de l'effectuer, que trois personnes bienveillantes, d'une nationalité étrangère, mais unies à l'auteur et au sujet de ces mémoires par les liens d'une même foi et d'un même amour, ont généreusement pris sur elles les frais de publication des premières feuilles. Ce doux témoignage de sympathie selon l'Evangile aura été l'un des plus précieux encouragements à l'impression de ce travail, et de fait, il écarte un des obstacles qui auraient pu l'empêcher, ou la retarder indéfiniment.

Là n'est donc pas, ou là n'est donc plus la difficulté. Mais que de raisons encore pour moi de « balancer le chemin de mes pieds », avant de transmettre cet écrit à l'imprimeur ! Sans parler, je ne dirai pas de l'oubli, (en un sens désirable pour moi), — mais des coups de fouet de la presse religieuse, la seule avec laquelle je puisse avoir quelque contact, — sans pleurer d'avance sur le blâme, les dédains, les récriminations peut-être de frères d'opinions diverses, — j'aurais surtout besoin de voir résoudre affirmativement ces questions-ci : Ai-je bien « l'intention de Christ » ? Puis, saurai-je parler de moi-même sans me flatter avec orgueil, ou me rabaisser par une humilité fausse ; — serai-je juste appréciateur des motifs, juge équitable des actes des personnes au milieu desquelles j'ai vécu, et dont il ne m'est pas possible de m'isoler entièrement, parce que leur vie se trouve, par quelque côté, mêlée avec la mienne? — Sans doute, pas plus pour ces personnes que pour moi-même, je n'ai le droit d'appeler « le mal, bien, et le bien, mal; de faire et la lumière, ténèbres, et les ténèbres lumière, l'amer doux, et le doux amer »; cependant je désire ne pas oublier que ce que j'ai eu à dessein de faire ici, ce sont mes confessions plutôt que les leurs. J'espère, du reste, que par la bonne discipline de la grâce d'En Haut, ces humbles pages seront écrites sans fiel et sans amertume à l'égard de ceux qui peuvent y apparaître, non à titre d'adversaires, mais d'opposants en fait de principes; — comme aussi sans flatterie et sans engouement pour les amis avec lesquels ma marche et mes vues se seront trouvées en accord ! Et je suis tellement assuré que je n'ai voulu faire de mal au cœur de qui que ce soit, que je m'avance jusqu'à recommander ce faible écrit avec son pauvre auteur, à l'intérêt et aux prières des personnes quelconques qui ont reçu la grâce de prier. Mais par dessus tout, je le sais, je dois remettre l'un et l'autre à la suprême bénédiction du Dieu, Père et Fils et Saint-Esprit. Puisse-t-Il y mettre d'abord, et en faire sortir ensuite, quelque chose pour Sa propre gloire, et le bien des âmes immortelles !

Mais ce préambule sera plus que suffisant. — Avec l'aide du Seigneur je puis entrer en matière; non toutefois sans vous avoir donné un aperçu du plan , disons mieux de l'absence de plan de cette notice. En parlant de moi et des événements dont je suis l'un des acteurs, je n'oserais m'astreindre d'une manière rigoureuse et exclusive, ni à l'ordre des dates, ni au classement méthodique des sujets — Si je me suivais pour ainsi dire pas à pas, il me semblerait que je donne au pauvre personnage que je vous amène, une importance que je ne ne peux ni ne veux lui reconnaître. Attendez-vous donc à voir quelquefois des écarts sensibles, tant par rapport aux époques qu'à l'égard des matières. — N'importe, honorés lecteurs, entrez ou demeurez dans une disposition bienveillante dont nous recueillerions mutuellement un fruit d'une douceur agréable. Prenez l'écrit tel qu'il sera, l'homme tel qu'il se présente, et répondez par une salutation de même genre à la salutation de paix qu'il vous a fait entendre en vous abordant.

II.

> N'avez-vous jamais tressailli à l'aspect
> de votre propre difformité ?
>
> (Pensées de Th. Ad. p. 135).

PAUVRE ENFANCE ET MISÉRABLE JEUNESSE.

Lueurs incertaines à l'horison.

Je date de l'autre siècle, étant né en Juillet 1796, époque de notre plus terrible révolution dont je n'ai pourtant pas vu de mes yeux les plus grandes horreurs, ou les plus émouvantes scènes. Quand j'ai eu conscience de ce qui se passait autour de moi, je me suis réjoui de voir les belles estampes des assignats de dix sols, j'ai souvent entendu parler de l'année du Maximum comme d'une année de souffrances physiques ; et aussi, d'une autre année plus ancienne sans doute, l'année de l'Alerte, sur laquelle circulaient dans mon pays des histoires ou des légendes plus ou moins ridicules ; — celle de ce prêtre dont un côté de la barbe était rasé, l'autre non, et qui, sur son cheval, courant à bride abattue, annonçait partout l'arrivée des ennemis ; — celle du trouble des habitants d'une ville voisine, dont les femmes, effrayées de cette menaçante invasion, criaient en sens inverse aux gardes des portes: barra, druvez, druvez, barra; fermez, ouvrez, ouvrez, fermez. — Les chansons d'un pauvre ivrogne d'une parenté éloignée m'ont initié à la différence de chaussure entre les Patriotes et les Muscadins. — Dans mon village, un garçon cordonnier s'appelait Marat, ailleurs j'ai connu Brutus et Cimber. — Mes parents, modérés sous le rapport politique, ne donnèrent pas dans l'extravagance de ces noms sanglants. Mon prénom fut Jacques, parce que c'était celui de mon grand père maternel, mon rang de naissance, ou plutôt de survivance parmi mes frères ou sœurs, me fit donner celui de Second. Plus tard j'en vins à rougir et du nom apostolique et du nom de numéro d'ordre, parce qu'ils ne sentaient pas assez le roman et la poésie dont j'avais commencé à tâter. Je n'eus pas honte (et j'ouvre ici par anticipation la série de mes misérables habitudes dont l'une des plus invétérées a été le mensonge); je n'eus pas honte de dire à ceux qui ne me connaissaient pas que je m'appelais Arthur. J'ai écrit sur des écorces d'arbre, et même en lettres grecques, ce faux nom dont j'ai ignoré la prononciation pendant environ quarante-cinq ans. — Encore un mot sur mes souvenirs révolutionnaires, ou sur les documents qui en ont passé par mes mains. J'ai trouvé dans les papiers de la famille une lettre d'une citoyenne (qui, je crois, avait été une ci-devant), laquelle, écrivant à ma mère, lui parlait, comme pour mémoire, d'une nouvelle religion qui venait d'éclore. « On les appelé les Théophi-lanthropes » disait-elle des adeptes de ce culte récent.— « Que cela est beau ! » Je ne sais trop si elle parlait sé-rieusement ou par ironie. Dans tous les cas, je n'ai jamais su en quoi consistait la beauté de ces dogmes inventés depuis peu, ou des pratiques qui les traduisaient aux regards !

Dans un tel temps, et avec un caractère comme celui dont j'ai commencé l'esquisse, il me serait impossible de faire une pastorale sur mon enfance ; quoique pourtant j'ai souvent mené paître une chèvre qui, tout méchant que j'étais, m'avait pris en affection, et m'a une fois suivi jusqu'au grenier assez élevé d'une partie de notre habitation, désignée sous le nom de Pavillon à cause de sa forme. J'ai aussi, pendant plus ou moins de temps, conduit au pâturage les bœufs servant à l'exploitation de la propriété que possédait notre père ; propriété qui, si-tuée dans une contrée fertile, eût suffi à notre existence temporelle, si par une mauvaise spéculation que tant d'autres font comme lui, notre père ne l'eût en quelque sorte appauvrie par l'achat de quelques arpents de terre qui n'étant pas payés devinrent, pendant de longues années, une source de gêne pour la famille. Pour en revenir à mes bœufs, je dois avouer que j'en étais un assez mauvais gardien. — Un jour, par exemple, je les laissai paître comme ils purent, ou plutôt comme ils voulurent ; et il paraît qu'ils commirent certains dégâts chez un autre propriétaire. Et cependant, moi, j'étais à un grand quart de lieu de la prairie chez un camarade d'école, qui, profitant de l'absence de son père, fit boire à un autre ami et à moi, une telle quantité de verres ou de bouteilles de vin blanc vieux que notre raison, ou pour mieux dire notre cerveau (le mien du moins), se troubla ; qu'en m'en retournant je voyais des choses étranges ; que je fis une ou plusieurs chutes, et que même, j'allai fort intempestivement me baigner dans la rivière dont les eaux étaient enflées et rougies par une crue. Je ne possédais pas assez mes facultés pour bien comprendre si les personnes qui s'approchèrent de moi n'eurent pas la pensée que j'avais eu le dessein de me noyer.

Et tout n'est pas dit sur mon manque de sobriété ; car mes parents auraient pu mettre sur moi (occasionnellement l'une, perpétuellement l'autre) les deux accusations flétrissantes qu'un père et une mère israélites avaient quelquefois à employer pour caractériser la conduite d'un enfant rebelle : « Voici notre fils ; il est gourmand et ivrogne. » — La première de ces intempérances était, en effet, l'un de mes vices dominants. Quand je pouvais me donner carrière à cet égard, je me livrais à un appétit désordonné. J'ai été pendant des années la fable des vendangeurs, prenant le matin le déjeûner dans notre maison,—parceque, avec des cris et de douloureux sanglots, j'affirmais qu'ils allaient manger « toute la sanade » terme de mon invention, par lequel j'estropiais le nom patois d'un plat de légumineuses qui, dans mon pays, était alors (là comme ailleurs, on s'est raffiné depuis), le mets essentiel ou unique du premier repas.

Les cris ! Ah ! c'est surtout sous ce rapport que j'avais une sorte de réputation dans la petite ville ou bourgade du F.... Il n'y avait qu'un pauvre garçon nommé Peyrotte, qui pût, en ce genre d'exploits, balancer ma triste célébrité. Si quelque part dans le village, on entendait des cris assourdissants, c'était, ce devait être Peyrotte ou S..... de chez   qui faisaient leur bruyant métier.

Hélas ! sous le sourire que ces pitoyables et burlesques souvenirs excitent peut-être en moi, devraient se trouver, avec les larmes de regrets qu'ils sont propres à tirer des yeux et du cœur, des larmes de commisération sur mes anciens rivaux en méchanceté. Et il faudrait aussi, ah ! il faudrait surtout qu'il y eût des larmes de reconnaissance envers le Seigneur ! Que sont devenus et P. et tant d'autres frères en misère et en péché ? Et moi, moi, oui moi ! je suis sauvé par la grâce de Dieu !

Et il faut bien réellement que ce soit par la grâce, car de quelque côté que je me tourne je ne vois que des sujets de profonde humiliation. J'avais, il faut le reconnaître, tous les instincts mauvais, et je ne dois pas taire qu'ayant commencé par commettre quelque larcin dans la maison paternelle, débutant par quelques friandises, continuant par quelque argent, — je succombai, dans la suite, à la tentation de prendre quelque chose à mes camarades. Que de remords m'a causés certain flageolet que j'aurais tant voulu pouvoir rendre plus de douze à quinze ans peut-être après l'avoir pris ! Je dérobais du plomb et de la poudre pour satisfaire la passion de la chasse dont un assez long intervalle de désœuvrement m'avait fourni l'occasion d'essayer. Quelle confusion quand le marchand que je lésais ainsi, m'eût découvert, et eût fait part à mes parents de l'abus de confiance dont je m'étais rendu coupable envers lui ; qui, de son côté, m'avait déjà fait bien du mal, par ses entretiens licencieux dont un autre pauvre garçon qui figure assez tristement dans ma triste histoire, suçait le poison aussi bien que moi. — Plus tard, j'entrais dans un commerce frauduleux, et faisais payer aux personnes dont j'étais le commissionnaire, une marchandise de contrebande, au prix qu'elle eût coûté dans un bureau autorisé par la loi. Dans une autre circonstance, je retins, et j'employai pour mon usage personnel, une somme de dix francs que j'avais acquise par un travail légitime, mais que, mêlant à la mauvaise foi l'orgueil et l'hypocrisie, j'avais eu l'air d'accepter non pour moi-même, mais pour les indigents d'une école d'enseignement mutuel dans la direction de laquelle je remplaçai le titulaire pendant quelques jours. Le rapport que, bien des années ensuite, et après un réveil de conscience, ce péché me parut avoir avec celui d'Ananias et de Saphira m'a souvent occasionné de douloureuses angoisses. Et combien de temps le chapitre V° du livre des Actes n'a-t-il pas effrayé cette mauvaise conscience que le sang de Christ n'avait pas encore pacifiée ! Dans un de ces moments de repentance, légale où l'on cherche des compensations au mal qu'on a fait, j'ai grevé mon testament sur lequel, comme sur celui de Luther, l'actif paraît devoir être complétement nul, — à moins d'héritage terrestre que je n'ai pas droit d'attendre, — je l'ai, dis-je, grevé d'un passif de quatre cents francs, que, si je n'ai pu les payer moi-même, ma femme ou mes enfants compteront à l'école de B. (C.). Le sacrifice qu'ils seront appelés à faire les appauvrira mille fois moins que ne peut les enrichir l'instante supplication que je leur adresse de se laisser enseigner par « la grâce de Dieu » qui apporte le salut.... à vivre dans ce présent siècle » sobrement, justement et religieusement. » (Tit. II, 11-12). — Et pour qu'ils ne s'imaginent pas que je crois peut-être effacer par ce remboursement dix fois quadruplé, le mal que j'ai commis par l'emploi illicite de la somme primitive, je les renvoie à cette parole de l'Ecriture : « Le sang de son Fils Jésus-Christ nous purifie de tout » péché. » (1 Jean I, 7). — Non, non ! la réparation devant Dieu ne saurait être mon œuvre ! C'est celle de Christ tout seul ! — Et pour ce qui me concerne avant tout, et après tout, j'ai à m'écrier avec Daniel parlant pour lui-même et pour son peuple : « Seigneur, à toi est la justice, et à nous la confusion de face ! » (Dan. IX).

« Confusion » au souvenir de mes mensonges dont on a déjà vu de haïssables exemples ! Je mentais à tous, et pour toutes choses ! Que de contes absurdes à mes amis et à mes connaissances ! que de vaines excuses à mes parents ou à mes maîtres ! L'un de ces derniers me demanda un jour de lui répéter l'air harmonieux que j'avais fredonné pendant la leçon qu'il nous donnait, lui, d'une manière très sérieuse. — Comme il était sourd, je lui niai effrontément que j'eusse chanté. Parfaitement sûr de la vérité de son accusation, il me fit subir, pendant plusieurs leçons de suite, une punition qui commençait à tomber en désuétude dans les colléges. Je dus me tenir à genoux « à la portée de son pied », selon l'expression de mépris que lui inspirait mon audacieuse dénégation ! — Ah ! quand j'ai compris et cru la toute présence de Dieu, que mes innombrables péchés de ce genre m'ont causé de crainte et d'horreur ? J'en suis venu à trembler à la moindre inexactitude dans mes assertions ou mes récits. Que de courses j'ai faites, revenant sur mes pas, pour aller, dans telle ou telle maison, rectifier un rapport, compléter une révélation que je n'avais faite qu'à moitié. Et quels singuliers efforts d'esprit pour ravauder mes paroles douteuses, ou glisser le moins maladroitement possible une espèce de rétractation. Certes, je suis loin de présenter ceci comme un modèle de sincérité à suivre; car souvent je n'arrivais là que par les plus sinueux détours. Ce sont des faits que je raconte. Un entre plusieurs : ayant ouvert nos malles à Eupon à l'entrée de la Prusse-Rhénane, pour montrer les effets qui, passant la frontière, avaient des droits à payer, une paire de bas de l'un de mes enfants se trouva, par mégarde, n'avoir pas été déclarée. — Je ne pus jouir là-dessus d'un espèce de repos, que quand j'eus averti de ma méprise, ou le directeur, ou quelque employé de la poste à Aix-la-Chapelle. Jugez si cet Allemand occupé de ses affaires et

comprenant sans doute à peine le français, prêta beaucoup d'attention ou prit un fort grand intérêt à ce que je
pus lui dire en décharge de conscience ! Je pourrais
citer d'autres exemples qui montreraient que la crainte
légale dont je m'étais laissé envelopper m'a fait faire de
plus grandes maladresses, ou plutôt commettre de plus
graves inconvenances. — Du reste, je crois devoir sai-
sir cette occasion pour avertir une fois pour toutes que
c'est cette crainte qui a communiqué à ma manière d'é-
crire (tant il est vrai que le style est l'homme !) une sorte
de marche tremblotante. Les formules de l'hésitation et
du doute (on s'en est peut-être déjà aperçu), abondent et
abonderont encore dans ces pages. Supportez-moi, lecteurs chrétiens, qui êtes obligés de m'entendre avouer
des choses bien autrement humiliantes.

« Confusion de face » à cause de l'abominable orgueil
de « moi, chien d'orgueilleux » pour me traiter moi-même
comme se traitait le célèbre Johnson, sur lequel j'aimerais
à vous transcrire une histoire bien intéressante (que vous
connaissez peut-être), si j'avais le droit d'allonger un
écrit que vous ne trouverez que trop long. Il ne sera
donc pas ici pour le moment, question de l'orgueil d'un
autre mais du mien ; et quelques mots sur cette funeste
maladie en moi, sur cette arrogante souillure, cause de
la chute des anges et de celle d'Adam, viendront encore
montrer la laideur de ma « face naturelle ». Né dans la
famille d'un honnête propriétaire, cultivateur, marchand
et autre chose encore, — comme j'aurais voulu passer
pour être issu de ce qu'on appelait « les gens comme il

» faut » ! Vivant dans un état qui avoisinait la pauvreté,
que d'efforts perdus pour me donner un air riche! Quelle
humiliation de ne pas me voir assez bien vêtu! oh! que
m'a causé de contrariétés un certain habit d'une étoffe
passée de mode, et dont la façon avait également vieilli!
Tout honteux, je rasais les murs des rues les plus étroi-
tes d'une ville où j'étais allé en visite chez des amis ! —
Comme pour voiler le nom d'auberge, que notre maison
a dû porter pendant un temps trop long, à mon gré,
j'aurais employé volontiers des périphrases du genre de
celle de Dorante à l'égard de M. Jourdain dont, selon
l'homme de cour, le père n'était pas un marchand, mais
un gentilhomme qui, se connaissant fort en draps, en
achetait une grande quantité qu'il cédait à ses amis pour
de l'argent. Mais ceci n'est pas entièrement exact ; moins
intéressé que vain, j'aurais mieux aimé ne rien recevoir
du tout, pour que cela parut une pure hospitalité, et je
n'aurais pas consenti de bonne grâce à être l'hôte même
du bon Samaritain et de son heureux protégé, si le premier avait dû « tirer les deux deniers de sa bourse » et
me les remettre.—Tout en ayant quelquefois des dettes
que je n'avais pas le moyen de payer, j'aurais fait des
prodigalités inutiles. — Ignorant je tentais de me faire
regarder comme instruit. Combien de choses je me suis
vanté de savoir dont je ne possédais pas ou à peine les
plus simples éléments. J'ai affronté des examens sur
des matières à l'égard desquelles il m'aurait fallu être
piteusement réduit au silence, si les personnes chargées
de m'examiner eussent tenu le moins du monde à consta-

ter mon ineptie!... Si du moins aujourd'hui, ce Goliath de mon cœur était gisant par terre, renversé par la fronde du vrai David,... s'il n'y avait pas lieu à dire : « Confu- » sion de face » pour l'orgueil présent, comme pour l'or- gueil passé ?

Et que dire de cet autre géant de la race de Rapha « la » convoitise de la chair » qui fait si fidèle compagnie à « la convoitise des yeux et à l'orgeuil de la vie qui n'est » point du Père, mais est du monde. » (1 Jean II, 16). A Dieu ne plaise que je vous fasse, sans nécessité, passer avec moi sur ce brasier ardent. Je ne reconnais qu'à la Bible, aux lèvres purifiées comme celles du prophète Esaïe par le « charbon vif pris sur l'autel avec des pincettes », (Es. VI) le droit de parler de choses de cette nature, et la possibilité d'en parler d'une manière propre à tenir le nou- vel homme en garde contre le cœur charnel. Aussi me bornerai-je à constater que cette flamme d'enfer, allumée de bonne heure en moi, attisée, développée par les « mau- » vaises compagnies qui corrompent les bonnes mœurs » (1 Cor. XV) et rendent cent fois pire les mœurs déjà cor- rompues, a été l'une des plus affreuses des « sept abomi- nations de mon cœur », pour parler le langage de Bun- yan, ou plutôt de la Bible (Prov. XXVI, 27). Que je me hâte toutefois de dire à l'honneur des compassions de Dieu envers un pécheur, que quoique l'atmosphère de mon âme fut habituellement au milieu de la contagion morale, et que, vivant dans ce typhus, je servisse à le propager, ce- pendant une secrète honte, une vague crainte du juge- ment de Dieu, le souvenir de mes parents peut-être, ou toutes ces choses réunies ont, par la bonté du Seigneur, créé des espèces de barrières que la corruption de mon cœur, quelque grande qu'elle fût, n'a osé, n'a pu franchir ; et que, miraculeusement gardé d'En Haut, j'ai été, au milieu du désordre même, préservé pourtant des plus grossiers désordres extérieurs, sans que pour cela je fusse moins esclave de la convoitise.

Et je négligerais sans doute un côté malheureusement trop saillant de mon caractère, si je ne disais rien de la malice et de l'envie, de la colère, de l'animosité, de ce que la Parole appelle « les pieds légers pour répandre le sang » (Rom. III, 15). Que de fois n'ai-je pas eu à reconnaître en moi cette disposition meurtrière de la dispute et de la haine ! Quel sujet de confusion dans le souvenir de mes querelles si souvent renouvelées avec mon frère aîné, assez joli garçon, à la chevelure bouclée, ne valant sûrement pas beaucoup plus que moi, mais bien moins hargneux, moins maussade que je ne l'étais, et aussi bien plus aimé dans nos alentours. — Je me vengeais de ses espiègleries ou de ses méchancetés, par des noms très insultants que je lui prodiguais, et quelquefois, si je l'avais pu, c'eût été par des voies de fait plus significatives encore. Ainsi, je me souviens qu'un soir, où selon une inconcevable mauvaise habitude que j'avais prise, je m'étais étendu sur le carreau pour m'y endormir près du feu, il eut l'imprudence d'approcher de ma figure une allumette soufrée dont l'odeur me réveilla en sursaut ; je me relevai dans un état de fureur, et saisissant l'un des ustensiles de fer du foyer, je l'en eusse probablement frappé

sans l'intervention de quelques-unes des personnes pré-
sentes, qui, il faut le supposer, n'avaient pas vu d'abord le
côté dangereux de la mauvaise niche de mon pauvre
frère ! D'autres fois aussi, je le reprenais d'une manière
toute différente dans la forme, sans que le fond chez moi
en valût davantage. Le croira-t-on ? C'était par des pas-
sages de l'Ecriture ! Un jour nous étions occupés à re-
tourner du foin dans une petite prairie, assez distante de
la maison, je fis quelque chose qui lui déplut, il me dit,
passablement en colère, que j'étais fou. Hors de moi-
même, je lui appliquai la sévère menace de Jésus-Christ
contre celui qui stigmatisera « son frère » de cette mé-
prisante appellation. — Je renvoie pour quelques instants
une question qui s'élèverait naturellement ici, désireux
que je suis de compléter par quelques faits de plus ce qui
regarde la violence et l'irritabilité de mon caractère. Je
me suis, à diverses fois, disputé et battu avec des camarades d'enfance et des compagnons de jeu. Plus âgé, je
me suis, par une suffisance vaniteuse, exposé à des
duels. J'en ai même une fois proposé un à la suite d'une
ignoble rixe dont je dois dire que je n'étais pas le provo-
cateur ; l'heure, le lieu furent désignés ! Heureusement
que le pauvre adversaire avait peut-être autant de peur
ou, peut-être aussi, plus de sagesse que moi. Il me laissa
faire ma promenade avec mon second (c'est le nom que
dans le jargon des duels on donne aux témoins et com-
plices de ces brutales et sauvages rencontres). Inutile de
dire combien je fus soulagé en ne trouvant pas le brave
de ma trempe au funeste ou plutôt ridicule rendez-vous !

Comme la guerre est le duel en grand, je dirai ici par assimilation d'idées qu'à une certaine époque j'ai eu ou feint d'avoir des velléités de me faire soldat. En 1813, après la bataille de Leipzig, mon frère, très grand Napoléonien, et moi, pour le moment son modeste émule, nous lisions ensemble le récit de cette fatale journée. Nous nous dîmes l'un à l'autre qu'il fallait nous engager dans l'intérêt de la patrie. Bien entendu que nous nous en tînmes à l'intention, si même nous l'avions eue réellement. Quand eut lieu le retour de l'Ile d'Elbe, j'eus la hardiesse d'écrire au général P. qui commandait le département où je suis né, pour lui dire que j'étais disposé à entrer, comme volontaire, dans un escadron de la jeune garde, lanciers rouges, ne sachant pas au juste s'il existait un corps de ce nom. Mais les grands mots, l'éclatant uniforme exerçaient sur moi un immense prestige. Aussi à la restauration, avais-je eu les yeux tant soit peu fascinés par les habits de la garde royale que je voyais quelquefois manœuvrer dans une de nos grandes villes de l'Ouest. De tout ceci il est facile de recueillir que, quoique je me vantasse d'être plus que bien d'autres ferme dans mes opinions, j'étais pourtant à peu près le sage de La Fontaine, lequel dit selon les temps : Vive le Roi, Vive la ligue! On verra sous une autre forme, mais encore dans la sphère politique, de nouvelles preuves de cette versatilité.

Mais je reviens à la répréhension scripturaire que l'homme à la poutre dans l'œil, ou plutôt l'homme entièrement aveugle dès sa naissance, se permettait de faire à son frère aveugle comme lui, et son frère deux fois selon la chair. — D'où me venait donc, au milieu de ma vie de péché, cette connaissance accidentelle de quelques mots de la Parole de Dieu ?

Il y avait dans notre maison une de ces grandes Bibles in-folio, traduction et réflexions d'Osterwald, dont les familles protestantes, tant soit peu aisées, étaient en possession. Et à certains temps, le dimanche, la veille de quelque jour de fête, ou dans les soirées d'hiver, mon père quelquefois, quelquefois ma mère, y faisaient, ou bien nous y faisaient faire la lecture. Une fois même, à la suite d'une faute très grave que j'avais commise, je dus apprendre par cœur et répéter de bouche les paroles de l'enfant prodigue rentrant dans la maison de son père. C'était à l'instigation de ma pauvre mère, qui, sans doute, comme Rébecca, agissait à bonne intention, que je me prêtais à cette forme dans laquelle, j'ai lieu de le craindre, le cœur n'entrait que pour bien peu de chose, ou plutôt n'entrait absolument pour rien. — Mais ici je soulève des souvenirs qui peuvent être de nature à m'ôter la force de continuer mon récit. Il est facile de s'apercevoir que j'hésite à faire connaître plus intimement celle dont j'ai reçu la naissance, puisque j'ai pu la nommer plusieurs fois sans entrer dans aucun détail sur son compte. — Oh ! si je pouvais voir quelques clartés tant soit peu distinctes à travers les nuages de ses derniers jours, comme il m'eût été doux de parler de ma mère ! Je ne l'aurais pas, ainsi que je semble l'avoir fait par indifférence ou par oubli, reléguée dans cet arrière plan de l'histoire de mon enfance et de ma jeunesse. J'en eusse dès l'abord entretenu mes lecteurs avec respect et avec affection filiale. — Non hélas ! que je n'aie été à son égard ce que j'ai été à l'égard de tous, coupable sous un grand nombre de rapports ; que je ne lui aie causé de très grandes amertumes, témoins quelques-uns des actes précédemment indiqués, et tant d'autres qu'elle a pu connaître et qui ont dû remplir de deuil son cœur de mère ! — Néanmoins, avec l'attachement sincère que j'ai toujours éprouvé pour une sœur encore vivante, dans une douloureuse visitation de laquelle je suis moi-même douloureusement visité, — pour deux frères nés après moi, dont l'un, très aimable enfant, fut retiré de bonne heure et me laissa d'assez vifs regrets, — dont l'autre devenu plus tard mon frère « selon la foi qui nous » a été commune » (douce figure que nous verrons reparaître dans l'intimité de mes affections cordiales), s'est endormi au Seigneur il y a quelques années, — avec cet attachement, dis-je, l'un des côtés par lequel je conservais quelque chose des plus vifs et des plus doux sentiments de la nature, c'était, je crois pouvoir l'affirmer sans mensonge, ou l'amour, ou du moins généralement parlant, le respect que m'inspirait ma mère. Oui, au milieu de mes péchés, et tout en navrant son âme, je sentais que j'aimais cette mère, qui, il m'était impossible de ne pas le voir, se sacrifiait pour nous, plus particulièrement pour les deux aînés, les autres enfants n'étant pas d'un âge à provoquer des anxiétés de même genre. En effet, outre les frais, relativement assez considérables, d'une éducation un peu au-dessus de notre position sociale, à une époque où il était encore rare de voir les pensions fréquentées par d'autres enfants que par ceux des familles riches, — nous faisions, mon frère aîné et moi, soit pour le jeu, soit pour la table, soit pour les vêtements, d'injustifiables dépenses que notre pauvre mère avait à payer au prix des plus cuisantes privations ! Mais ce n'est pas ce souvenir, si accablant qu'il puisse être pour moi, qui pèse le plus douloureusement sur mon cœur! De quel fardeau je serais soulagé si ma mémoire n'embrassait que les soins de ma mère, si mal récompensés, sa tendresse si mal payée ! Quelque honteux que je dusse être de lui avoir rendu une si indigne rétribution, sachant bien que nos torts étaient oubliés dans son cœur, quand elle était parvenue à en réparer les suites matérielles et visibles, sûr qu'elle nous aimait quand même, me sentant surtout mis au large par la Parole du pardon d'En Haut, — j'éprouverais une sorte de satisfaction mêlée d'amertume à m'humilier en rappelant mes fautes passées qui n'avaient pu parvenir à tuer toute la tendresse d'une mère! — Oui, si au lieu de l'œil sec et terne que je lui ai vu dans sa dernière maladie (quand de M.... où je faisais mes études théologiques, je m'étais rendu près d'elle) dans le but de la visiter et de la soigner, je ne voyais que ses larmes, même celles que moi, je lui faisais répandre ; si au lieu de quelques rares paroles empreintes de ce profond découragement des âmes dont le ressort a été comme brisé, — je pouvais n'entendre que les prières, qu'agenouillée pendant des heures, elle répétait habituellement avec gémissements et avec larmes, et au milieu desquelles étaient citées les paroles de la prière de Jésus-Christ pour ses disciples, dont elle faisait, je suppose, l'application à ses enfants : « je ne te prie point de » les ôter du monde, mais de les préserver du mal »;— (Jean XVII, 15) ce serait avec un mélancolique plaisir que je verrais une espèce de phothographie à demi manquée, à demi réussie de ma pauvre et chère mère se poser devant moi; — tandis que j'ose à peine arrêter la pensée et les yeux sur elle, telle que dans les derniers mois de sa vie l'avaient rendue, les chagrins, la souffrance, et, il faut bien arriver à le dire, ses craintes par rapport à l'état de son âme ! Comme ce spectacle que j'ai pu voir devant moi pendant de longues semaines, était propre à me navrer jusqu'au plus intime de mon cœur. Hélas! je craindrais de me flatter encore, en tâchant de me persuader que l'un des derniers regards qu'il me sembla lui voir porter vers le ciel, quand j'accourus auprès d'elle au moment suprême, a pu m'être ménagé par le Seigneur, comme un faible rayon d'espérance la concernant. — Mais en cet instant je me sens à peine capable d'en dire davantage sur elle ! — Il y a plus de trente-huit ans (juillet 1819) qu'elle s'en est allée comme sous l'ombre du soir, et il se peut que durant ce long espace de temps je n'en aie pas tant dit sur son sujet que le peu que je viens d'en écrire ! je n'en ai guère parlé qu'à ma chère enfant L...., qui, dans ses traits, me rappelle quelque chose de cette mère d'intime et douloureuse mémoire. Je tiens serré sous un cachet que je ne me suis pas senti le courage de briser jusqu'à ce jour, ce qui me restait de ses lettres ; et je ne sais si j'oserai les lire encore une fois avant mon départ de cette terre !.... Oh ! mes enfants ! quoiqu'il en soit de nos torts et des vôtres, respectez, aimez vos parents ; mais honorez, aimez surtout votre mère ! — Et pour vous y exciter, pensez, non seulement à son travail et à ses souffrances pour vous, mais pensez aussi aux regrets de votre père, se souvenant des douleurs qu'il a causées à la sienne, et sentant qu'il aurait des sujets bien réels de se frapper la poitrine pour n'avoir pas plutôt reçu l'Evangile de la grâce, afin de pouvoir en ouvrir tous les trésors à cette âme si profondément affligée ! — Hélas ! ni votre père, alors, ni personne d'autre, dans ses alentours, ne sut faire entendre d'une manière claire et distincte auprès de ce lit de deuil et de mort, la Parole de la croix par laquelle le Seigneur « relève l'esprit abattu. » Vous qui l'avez entendue presque à votre entrée en cette vie terrestre, se pourrait-il que vous fussiez lassés de cet « Evangile de Christ qui est la puissance de Dieu, en sa-» lut à tout croyant ? » (Rom. I, 16).

C'est à l'époque de cette sérieuse visitation providentielle que se rattache une espèce de réveil de mon âme. Ne pouvant me dissimuler combien ma mère m'était supérieure sous le rapport religieux et moral, je devais, en la voyant si complétement affaissée, être effrayé sur mon état personnel ! Aussi, à un moment donné, à une place que je pourrais indiquer encore, si l'aspect des lieux n'a pas changé, je vis une partie de mes péchés se dresser contre moi ; je pensai notamment aux accusations qui pouvaient m'être intentées par ceux à qui j'avais fait tort. Mais je me souvins aussi que ce passage de l'Écriture : « Qui intentera accusation contre les élus de Dieu? »(Rom. VIII, 52) vint presque tout de suite (trop promptement peut-être, comme paraîtrait l'avoir démontré mon état subséquent), apporter à ma conscience troublée une sorte de calme, sur la nature duquel il me serait bien difficile de me prononcer avec la certitude de ne pas commettre quelque grave erreur. Ce qu'il y a de sûr, c'est qu'il y eut dans mes opinions au moins, si je ne puis pas dire dans mes principes et dans mon cœur, une espèce de revirement, — à l'occasion duquel je pus moi-même prendre le change et que je crus être la conversion. C'est alors que je me rangeai parmi les orthodoxes, et que les doctrines de la grâce contre lesquelles j'avais manifesté un antagonisme plus ou moins aggressif, purent me compter parmi leurs défenseurs, plus en paroles sans doute qu'en réalité vivante, car il me semble maintenant, que même sous le point de vue de l'intelligence de ces faits bibliques, ce que j'en comprenais, si j'en compris quelque chose, était extrêmement trouble et confus. — Si j'insistais moi-même sur ce point, pour chercher à démêler le véritable état de mon âme, je pencherais à supposer, qu'en prenant comme terme de comparaison, le partage que le pieux Nardin fait de tous les hommes, en trois classes, le Sadducéen, ou l'homme sans loi, le Pharisien, ou l'homme sous la loi, le Disciple, ou l'homme sous la grâce, — je passai de l'état de Sadducéen à celui de Pharisien. — A moins encore que le changement survenu dans ma manière d'être, ne fut, avec quelques notions vraies de plus, une phase un peu plus méthodiquement religieuse de cette position intermédiaire (celle du Pharisien), dans laquelle j'avais peut-être déjà commencé à mettre le pied antérieurement à l'époque dont je parle. — Car il y avait bien quelques années que j'avais un peu « nettoyé le dehors de la coupe et du plat » ; et que je ressemblais un peu plus aux « braves et hon-» nêtes petits garçons » caractérisés avec tant de justesse dans un traité bien connu !

Je dois dire aussi, pour donner entièrement gloire à la vérité, que mes premières convictions remontent bien plus haut que cette solennelle époque de ma vie ! Dès les jours de ma plus tendre enfance il s'était passé bien des choses qu'il serait juste de ranger parmi ces appels de Dieu qui suffiraient seuls pour rendre inexcusable l'homme qui n'y répond pas. Je crois me souvenir que très jeune encore, je sentais un vague besoin d'échapper à la justice de Dieu, et que, dans mon ignorance, j'en vins à m'imaginer que si j'étais mangé par un loup, je ne serais pas découvert par mon Juge ! Fort effrayé, quand il y avait un orage, que l'éclair brillait, et qu'on entendait gronder le tonnerre, je voulais qu'on récitât ou qu'on lût des prières, près du lit où la peur me força plus d'une fois à me mettre. — Je sais avoir éprouvé une fois un sentiment bien distinct de remords, pour avoir lancé une pierre contre un lézard gris dont la partie postérieure fut séparée du tronc ; ma conscience m'accusa hautement d'une cruauté inutile, et je ne sais même si je n'essayai pas de demander pardon à Dieu ! — L'ouïe d'un sermon de Saurin, sur les suites de la mauvaise éducation des enfants, me frappa beaucoup un soir qu'on en fit la lecture dans notre cercle de famille. Ces paroles menaçantes : « Je couperai ton bras, et le bras de la maison » de ton père » (1 Sam. II, 31), et peut-être les développements de l'éloquent sermonaire produisirent sur moi, autant que je me le rappelle, une profonde impression ! J'aurai peut-être à raconter plus tard le retentissement que d'autres paroles de cette histoire si profondément sérieuse ont dû avoir, et ont encore dans mon cœur ! Une autre fois, je fus touché assez vivement, par la fibre de la sensibilité, je suppose (laquelle a toujours été mon fort, ou plutôt mon faible), en entendant lire un sermon sur ce texte : « Bienheureux sont dorénavant, » les morts qui meurent au Seigneur; oui pour certains, » dit l'Eprit; car ils se reposent de leurs travaux et leurs » œuvres les suivent » (Apoc. XIV, 13). — Mentionnerai-je aussi les larmes qu'en assez grande abondance, je versai le jour de ce qu'on nomme la première communion? Toutefois je crains qu'elles ne vinssent en grande partie de l'espèce de dépit que j'éprouvais en voyant un adolescent dont je connaissais un peu les dispositions et la vie, paraître, en ce moment, plus ému et pleurant davantage qu'aucun d'entre nous. Je ne me souviens pourtant pas qu'alors, comme je sais que cela m'est arrivé plus tard, me soient revenues ces paroles de l'Atala, de Chateaubriand que je connaissais mieux que la Bible : « Il faut des torrents de sang pour laver une faute aux

» yeux des hommes : une seule larme suffit à Dieu! »
Hélas! pour le dire en passant, — à combien de compositions prétendues religieuses, on pourrait mettre
pour épigraphe cette plainte de Marie de Magdala,
transcrite par la pieuse femme de Lavater sur un livre de
prières, qui ne parle pas de l'expiation par le sang de
Christ : « On a enlevé mon Seigneur, et je ne sais où
» on l'a mis » (Jean XX, 13)!

Du reste, toutes ces émotions étaient passagères et fugitives; comme celles qu'ont pu produire, à diverses
époques, les sermons, roulant en général sur des sujets
de morale d'un prédicateur assez pathétique, M.
et ceux d'un autre prédicateur dont la science (c'était un
disciple de Kant) ne l'empêchait pas de revêtir d'un style
grandiose et souvent empreint d'une véritable éloquence, une théologie moitié philosophique; quoique dans
bien des cas, il établît péremptoirement le dogme orthodoxe, ou semblât en partir comme d'un point admis (ce
qui n'était certainement pas une réalité dans son auditoire habituel). Je doute que cette prédication, encore
bien éloignée de la grâce gratuite, ait produit des fruits
permanents de bénédiction, ni chez moi, ni chez beaucoup d'autres. Enchanté de la poésie du style, je ne me
sentais pas pressé de me frapper la poitrine, et de me jeter
dans les bras du Sauveur! Hélas! plus tard la vérité
même, simplement et clairement annoncée par d'autres
bouches, m'a laissé assez longtemps dans le dormir de
la mort spirituelle, pour que j'aie pu bien constater qu'il
ne suffit pas de l'entendre des oreilles du corps, mais
qu'il faut entendre du Père par l'Esprit de Jésus!

Je ne quitterai pas cette partie de mon sujet, où il est plus particulièrement question de mes relations de famille, sans dire aussi quelques mots de notre cher père. Mon respect pour lui, mêlé de plus de crainte, était par contre moins empreint de tendresse que celui que j'éprouvais pour ma mère, vers laquelle devait m'attirer davantage un rapport de ressemblance dans nos caractères et notre manière de sentir. Comme elle, j'avais (les preuves en afflueront dans la suite de ce récit) les larmes bien près de la paupière, une grande disposition à « pleurer Tham- » muz » (Ezéch. VIII), à me laisser aller à une vague mélancolie, dont en mon état naturel je me suis fait une vertu, et que maintenant encore, dans un âge avancé, et après avoir reçu l'Evangile, je dois surveiller d'un œil jaloux, pour qu'elle ne me tourne pas en piége de propre justice ! — Mon père sans être sévère et dur, ni même très ferme (quoique, d'après mes souvenirs, il m'ait châtié manuellement au moins une fois), était moins enclin à l'attendrissement. De là sans doute mon manque d'expansion complète avec lui ! — Au reste le Seigneur l'a conservé à sa famille jusqu'à sa quatre-vingt-huitième année si ce n'est même davantage. Son plus jeune fils qu'il avait bien des motifs d'affectionner tout particulièrement, a eu le privilége de soigner quelques années ses vieux jours, et l'a précédé dans la tombe. Ainsi que moi, mon cher I..... — avait l'espérance que Dieu avait amené notre père à sa connaissance et à sa grâce ! J'ai donc eu le temps et l'occasion quand j'étais homme, et moi-même père de famille, de faire, j'aime à le penser, oublier à mon père les torts de mon jeune âge envers lui! — Toutefois, je conserve, par rapport à ce cher vieillard, un souvenir qui ne laisse pas de me causer quelque peine! C'est de ne l'avoir pas visité dans les tout derniers instants de son séjour en ce monde. Peut-être que l'éloignement où j'étais de lui (une cinquantaine de lieues), la pensée ou la supposition de l'affaiblissement de ses facultés, — des embarras pécuniaires assez habituels dans le cours de mon existence, — peut-être aussi un respect plus littéral que spirituel pour les occupations de mon ministère dans une église de Christ, ont pu me fournir, pour me dispenser de cette visite, ou me permettre de la retarder, des excuses qui me parurent alors suffisantes; et puis... mon père est mort... sans que j'assistasse à son délogement, et accompagnasse au tombeau sa dépouille mortelle. — Aujourd'hui j'aimerais mieux l'avoir fait, surtout s'il m'avait été donné de prononcer près de son cercueil quelques paroles de foi et d'espérance chrétienne, pour la conversion, ou pour l'accroissement spirituel de quelques âmes!

Comme souvent du reste Dieu châtie les siens par le côté par lequel ils ont péché, je ne serais pas étonné que tel ou tel de mes nombreux enfants ne fût entre les mains du Seigneur « un fouet de petites cordes » ayant pour but de me rappeler, pour mon humiliation actuelle, un passé, que, sans le châtiment, j'aurais eu peut-être le tort d'oublier. Eh! bien, « Je me suis tu et » je n'ai point ouvert la bouche, parce que c'est toi qui » l'as fait! » Que ces paroles du Psalmiste soient écrites sur mon cœur! Quant à mes chers enfants, puissent-ils ne pas dépasser leur mandat; ne pas faire comme les nations que Dieu employait pour corriger Israël, et qui aidaient beaucoup au mal. — Puissent-ils surtout devenir tous sages à salut, et apprendre par la Bible, et par l'Esprit de Christ et de Dieu, à « ne pas imiter le mal, » mais le bien » (3 Jean II), même quand leur pauvre père leur aurait donné trop longtemps l'exemple du premier, et ne serait venu qu'assez tard leur présenter le précepte du second!

Pau. — Imprimerie et lithographie Veronese, rue Bayard, 1.

OBSERVATIONS IMPORTANTES.

Des notes correctives ne seront que trop nécessaires. Il y en aura de diverse nature :

A. Fautes de langue, d'orthographe, de ponctuation. J'avoue que celles-ci ne me tiennent pas très fortement au cœur. Il n'en est nullement de même des suivantes :

B. Mots omis dans une citation, surtout dans une citation Biblique, lorsqu'il n'y aura pas une série de points, pour avertir du retranchement qui a été fait ;

C. Inexactitudes dans le récit, affirmations trop positives à l'égard desquelles il sera survenu des doutes dans l'esprit de l'auteur, etc. Tout autant de choses qui suffiraient pour créer en lui de pénibles sentiments qu'il désire qu'on lui épargne, en tenant compte de ses rectifications. A cet égard, il prie ses lecteurs de lui laisser chez eux un crédit illimité, un compte toujours ouvert.

ERRATA.

I

Page 9, ligne 17. Lisez : Pas beaucoup au delà d'une demi-
heure.

Page 10, lignes 1, 2. Lisez : Le reste de ces souvenirs peut
encore demeurer confusément entassé dans une mémoire vacillante, ou dans les pages d'un journal tantôt diffus, tantôt écourté.

Page 11, lignes 6, 7, 8. Lisez : « d'appeler le mal bien, et le
» bien mal, de faire les ténèbres lumière, et la lu-
» mière ténèbres, de faire l'amer doux, et le doux
» amer. (Voy. Es. V. 20). »

Id.　ligne 11. Lisez . J'ai eu dessein.

II

Page 13, titre du chapitre. Au lieu de pauvre enfance misérable jeunesse. Lisez : Traits du caractère et de la vie,
deuil de l'âme, lueurs incertaines à l'horizon.

Page 16, ligne 10. Lisez : Qu'il est probable que je fis une etc.,
et sûr que même j'allai etc.

Page 23, ligne 23. Lisez : (Prov. XXVI. 25.)

Page 34, ligne 4. Après ces mots : « Cercle de famille », insé-
rez ces paroles dubitatives : (Il se pourrait toutefois
que je confondisse dans un même souvenir des époques diverses). Ces paroles menaçantes, etc.

Id.　ligne 8. Lisez : Une certaine impression...

Page 36, lignes 9, 10. Lisez : Les larmes bien près de la paupière ; j'avais une grande disposition.

Page 38, ligne 7. Lisez : (III, Jean, 2).

Id.　lignes 8, 9. Retranchez le mot « leur ».

III.

Qué serais-je si j'avais des talents dont
je pusse être orgueilleux, moi qui suis
orgueilleux de rien du tout?
(Pensées de Th. ADAM, p. 133).

ÉTUDES MANQUÉES.

Celles des Écoles primaires et du Collége.

Dans les pages précédentes, j'ai, comme Moïse (Exod.
IV, 6), mis la main dans mon sein et je l'en ai retirée
devant vous blanche de lèpre. Je n'aurai, pour ainsi
dire, qu'à faire la répétition du même acte, aujourd'hui
que j'ai à vous présenter ma vie d'écolier, et bientôt celle
d'étudiant (*). Et ici, comme ailleurs, comme toujours, ce
ne sera que la faute du lépreux lui-même, si sa main n'a
pas été rendue saine; c'est qu'il ne se sera pas laissé tou-

(*) Ce terme s'applique plus particulièrement aux élèves des diverses
facultés.

3

cher par le Céleste Sacrificateur qui lui eût dit : « Je le veux, sois net ! » (Matth. VIII).

A en parler sous le rapport de l'ensemble, je puis dire que je n'ai jamais fait de bonnes, du moins de fortes études, un peu par la faute des temps et des circonstances, et beaucoup par ma propre faute. Aussi, quand plus tard la conversion a fait de moi (jusqu'à un certain point), « l'homme d'un seul livre, » comme Wesley le disait de lui-même ; quand j'ai laissé presque tous les autres, comme Augustin les harangues de Cicéron parce qu'il n'y trouvait pas le nom plein de miel de Jésus, j'ai dû recommencer mon éducation par la Bible, et je serais bien autrement avancé que je ne le suis si je la continuais tous les jours par le même moyen. J'atteste que c'est elle qui m'a enseigné ce que je puis savoir en fait de vraie logique ; car pour celle des écoles, je crois que, dans une occasion où il s'agissait d'un diplôme, un des examinateurs m'en apprit la définition. — Ainsi donc, la science, la philosophie, le fini, dans la sphère intellectuelle, comme la théologie dans la sphère religieuse, s'il est vrai que la théologie soit distincte de l'Ecriture, n'ont, je le dis d'avance en toute simplicité et vérité, rien à faire avec moi, ni moi avec elles. —Certes je ne méprise nullement ces choses ; elles seraient même bien venues sous mon toit si elles devaient redoubler mon affection pour la Bible. Je leur dirais alors volontiers comme Laban à Eliezer : «Entre, béni de l'Eternel» (Gen. XXIV). — Dans le cas contraire, tout en étant disposé à féliciter les chrétiens, qui, possesseurs de ces talents, savent s'en

servir pour glorifier Dieu et faire du bien aux hommes,
je n'hésiterais pas longtemps, j'espère, à leur dire : « Ar-
» rière de moi ! » — Ne les ayant point, je n'ai que faire
d'examiner s'il conviendrait que j'agisse à la façon de
St-Cyran qui « rencontre les lettres, les arts, l'éloquen-
» ce, et les fauche comme une partie des agréments qu'un
» chrétien peut se retrancher » (*). Je demande, toutefois,
qu'on me passe quelques détails sur les voies par lesquelles
j'ai acquis le très peu que j'ai pu atteindre en fait de connaissances quelconques, et sur les causes qui m'ont empê-
ché d'en acquérir davantage. Si quelques-uns de ceux qui
me lisent se trouvent être des docteurs, je les supplie de
descendre de leurs chaires, et de redevenir, non seulement disciples, mais simples petits écoliers, pour s'as-
seoir avec moi sur les bancs de mes classes, sans en
excepter les plus enfantines.

J'avais eu pourtant l'intention de vous épargner au
moins toutes celles du village. Mais le moyen de le faire
quand une fois a eu repris sa place dans la mémoire du
cœur la pauvre vieille demoiselle Lorfenille qui, après
s'être donné sans doute beaucoup de peine pour m'enseigner l'Alphabet, me légua, par son testament, tout
juste cette somme dans laquelle

> « Le savetier crut voir tout l'argent que la terre
>   Avait depuis près de cent ans,
>   Produit pour l'usage des gens ; » (**)

Et cela, parce que je m'étais conformé à son désir de lui

(*) 1. Silv. de Sacy.
(**) *Cent écus.*

donner le titre purement honoraire de marraine ! —
N'est-ce pas que vous me blâmeriez de l'avoir entièrement oubliée, ou de ne m'en être souvenu que pour moi-
même ? — D'autant plus que pour glorifier les tendres
soins du Céleste Bienfaiteur « grand en conseil et magni-
fique en moyens » ; je veux tâcher de n'oublier dans
mon histoire aucun de mes bienfaiteurs temporels, pas
plus que dans celle d'Elie ne sont oubliés, ni les cor-
beaux du torrent de Kérith, ni surtout la pauvre veuve
de Sarepta (1 Rois. XVII).

Et puisque maintenant est ouverte la tranchée des
écoles inférieures, pourquoi ne dirais-je pas un mot de
celle de M. Délignac chez lequel les plus savants des
élèves (je n'étais pas de ce nombre), apprenaient non
seulement la table de multiplication

> « Que tout bon chiffreur
> » Doit savoir par cœur »,

mais encore montaient jusqu'à la « Règle des trois mar-
» chands qui sont associés pour trafiquer ensemble. »
L'un des livres de lecture était l'Imitation de Jésus-
Christ, livre dans lequel un des fils aînés du réveil de nos
jours, se fait fort de trouver une ou plusieurs hérésies
à la première page ouverte, et où l'on peut au moins si-
gnaler souvent la lacune de la doctrine de la Rédemption par le sang du Sauveur. — Dans cette école, et
ceci valait mieux, on lisait aussi le Nouveau-Testament,
traduction du P. Amelotte, la seule alors en circulation
parmi les catholiques ; et il me semble encore voir et en-

tendre un jeune garçon lire ces paroles : « et le ciel s'en fuit » ce qui, à en juger par la trace laissée dans mon souvenir, dût sûrement m'impressionner dans le sens de la crainte.

Je ne saurais non plus perdre de vue un M. G... venu de la Corrèze, engagé si non exclusivement, du moins spécialement pour nous, occupant une de nos maisons, mangeant à notre table pendant quelques années. Celui-ci avait quelque teinture d'instruction, et se trouvait, en paroles exhalées devant nous, en discussion fréquente avec un M. Loquinot, absent, qui avait pu être son compétiteur préféré, pour une place apparemment meilleure que celle que lui G... occupait chez nous. Je ne sais pas exactement quel était le sujet de la controverse; mais ce devait être quelque règle de grammaire pour la décision de laquelle M. G... récusait entièrement l'autorité de Wailly, s'en référant à celle de Lhomond, ou vice versa. — C'était peut-être aussi sur la prononciation du mot Equateur que roulait la dispute, notre maître voulant qu'on prononçât *Eqateur,* et ayant très distinctement accentué cette prononciation, sans doute à la séance dans laquelle il fut installé ou s'installa en qualité de principal Magister de la bourgade. — Vous dirai-je encore qu'il avait la manie des vers, et que, tel premier jour de l'an, il conduisait les sommités de la classe, soit chez les parents, soit chez les autorités locales, pour la plus élevée desquelles l'un de nous avait appris la pièce suivante :

> Recevez en ce jour nos faibles compliments,
> Année heureuse et pure, et libre d'accidents,
> Zèle pour nos devoirs, haine pour les méchants,
> Amitié (*) pour le Maire, et pour nos chers parents,
> C'est de nos cœurs, Monsieur, les plus purs sentiments.

Si (parce que le souvenir en a été rafraîchi il y a quelques années), j'ai pu me rappeler ce «faible compliment», vous concevez sans peine que mon méchant cœur m'ait encore moins permis d'oublier absolument certains coups de gaule, dont ma chair dut porter les marques, et qui, je crois, furent la cause de ma sortie de dessous la férule, ou plutôt la règle de M. G..... — Car c'était avec ce dernier instrument qu'il donnait sur les doigts des élèves, sans préjudice de la houssine, dont moi, au moins, je dus faire une fois l'essai.

Enfin, par un juste sentiment de retour envers un homme de notre proche parenté, plus jeune, et en même temps plus instruit qu'aucun de ceux qui m'avaient donné des soins, et surtout plus maître de lui-même que le dernier instituteur dont je viens de parler, je ne dois pas passer sous silence les leçons de M. M..... qui, à diverses époques de ma vie, m'a rendu tant de bons offices, de l'un desquels je fais mention quelques pages plus loin. Aussi est-il à peine nécessaire de dire que depuis que je connais le salut par grâce, j'ai souvent demandé pour ce cher parent et pour sa famille les bénédictions qui découlent de la Source Suprême de la lumière et de la vie.

(*) Il est évident que la situation réclamait le mot « respect » mais, ô tyrannie de l'Acrostiche, la quatrième lettre du nom étant un A, il a fallu, bon gré, mal gré, mettre Amitié!

J'arrive maintenant à mes études qui peuvent être plus proprement considérées comme entrant dans le plan d'une éducation libérale; dans leur cours assez resserré, j'ai passé entre des mains plus ou moins habiles; mais je suis pleinement convaincu que, partout, si j'avais réellement travaillé, j'aurais pu réussir mieux que je ne l'ai fait; quoi qu'il y eût des matières, les mathématiques, par exemple, pour lesquelles j'eusse une fort grande inaptitude, provenant peut-être en partie de la répulsion que m'inspira toujours la sécheresse des formules abstraites, car si le mathématicien peut dire à l'égard des plus émouvantes paroles : qu'est-ce que cela prouve ? je conçois qu'on dise de ses démonstrations les plus rigoureuses et les plus palpables : qu'est-ce que cela dit au cœur? — Il ne faut pas que j'insiste de peur de paraître chercher une excuse pour mon ignorance sur de tels sujets. Je dois me borner à constater que ces objets d'études ont contribué à rendre mon séjour dans telle ou telle école plus ou moins pénible, selon que l'arithmétique, la géométrie et l'algèbre que j'ai à peine entamées, étaient plus ou moins sévèrement exigées des élèves. — Je n'avais pas la même répugnance pour les langues et la littérature : du reste, en fait de langues, on ne s'occupait guère alors que du latin, avec lequel le grec ne marchait pas de front comme dans les jours actuels. On ne travaillait au grec que dans une classe supérieure à celle que j'atteignis. Aussi est-ce en dehors de mon cercle scolaire, avec un pasteur qui me portait quelque intérêt, que j'ai appris les éléments de cette dernière langue, et que j'ai épelé quelques dialogues de Lucien. Ce n'est qu'à la Faculté que j'ai commencé à lire le Nouveau-Testament grec. — Prenant mes études telles quelles, je dois dire que j'ai ressenti en bien l'influence d'un professeur consciencieux, et profondément instruit, duquel on disait autour de moi qu'il savait seize sciences ! C'est sous ce Pic de la Mirandole, parvenu à la vieillesse, que j'ai fait environ deux années d'humanités. — Et ce fut là pour moi le plus haut point d'un travail un peu régulier dans une pension, en sorte que, exactement parlant, je ne pourrais pas dire comme l'auteur de ces « Confessions d'un jeune homme » que nous lisions il y a quelques vingt années dans l'un de nos meilleurs recueils périodiques d'alors (*) :

« Je fis ma rhétorique, et n'appris que des mots. »

C'est de diverses manières que plus tard j'ai pu ramasser quelques pièces éparses d'un cours de belles-lettres, et, sous la direction d'un ami, finir même par en compiler un assez volumineux.

Avant de terminer ce que j'ai à dire sur celui de mes maîtres qui m'a été, je crois, le plus utile, j'intercalerai ici une petite anecdote où mon frère aîné figure comme un jeune garçon décidé à maintenir les convictions de sa conscience, ou l'honneur de sa dénomination religieuse. Parmi les morceaux qui devaient être récités , ou en public, ou dans la classe , on avait indiqué pour lui le dis-

(*) Le Semeur.

cours du vieillard de la Henriade qui fait pressentir l'abjuration d'Henri IV :

« J'ai vu naître autrefois le Calvinisme en France. »

Mon frère, en énergique protestant, refusa net de réciter cette diatribe contre la Réforme, et toute l'autorité, les menaces, les punitions peut-être du professeur vinrent échouer contre son inébranlable résolution. Et il fit bien, je trouve, de demeurer ferme. Du reste, je dois dire que les vrais réformés (il ne s'agirait que d'être tel!) ne me semblent pas avoir à s'inquiéter beaucoup de la controverse qui cherche à les lier à tel ou tel nom d'homme. Je le demande à la conscience des personnes qui répètent la vieille objection relative à ce qu'elles appellent les origines de la foi protestante! Pourriez-vous montrer que cette foi, qui n'existe réellement que chez ceux qui sont convertis, « nés d'en haut », (Jean III, 3) — soit distincte de la foi aux doctrines de la grâce puisées dans les Saintes Ecritures? Evidemment non! De quel droit donc parlez-vous de Luther et de Calvin à ceux auxquels l'Esprit de Dieu a fait trouver dans la parole de Christ la vérité qui les sauve? Ils sont prêts à dire de ces personnages qu'ils aiment comme leur ayant fait rendre la Bible, ce que Paul disait de lui-même : « Paul a-t-il été crucifié pour « vous, ou avez-vous été baptisés au nom de Paul? » (1 Cor. I, 13).

Sauf la circonstance mentionnée plus haut, et dans laquelle je pense que le maître fut influencé par le souvenir de son ancien froc, j'aime à lui rendre un bon témoignage ; je puis dire que, quoique ce fût lui qui m'eût placé « à la portée de son pied », j'ai conservé pour sa personne et ses leçons un sentiment d'estime et de gratitude, et que, même assez longtemps après la mort de ce professeur, sa mémoire a quelquefois parlé à ma conscience qui n'entendait encore que très mal le langage si clair de la Bible. Cet homme remarquable qui a travaillé à me faire du bien sous le rapport intellectuel et moral, était le plus ancien des deux directeurs de ce qu'on appelait alors l'École Secondaire de B......

Dans cette ville (et je me permets ici une digression dans laquelle il faut bien que vous ayez l'indulgence de m'accompagner), dans cette ville, simple chef-lieu d'arrondissement, était sous-préfet à l'époque dont je parle, un homme célèbre aujourd'hui, M. Maine de Biran. Un très bel article (*), inséré dans un de nos journaux religieux (**), sur un beau livre (***) que je n'ai pas eu la satisfaction, dirai-je, ou la douleur de

---

(*) Il est de M. de Gasparin. Une tache qu'on y a signalée et que les explications données depuis ne me semblent pas pouvoir faire disparaître, ne me laisserait pas la liberté de l'appeler explicitement un bon article sur tous ses points. C'est un vrai regret pour mon cœur et mon intelligence si souvent en accord avec les écrits de ce frère, surtout dans la « bonne guerre » qu'il soutient en faveur de l'autorité et de la Divine inspiration de nos Saints Livres. Je remercie M. Sybleiras de s'être exposé à se faire battre par les raisonnements de M. de Gasparin, comme je bénis M. de Gasparin de ce que, par respect pour la révélation qu'il accepte tout entière, il consent à passer pour un esprit faible, aux yeux de ceux pour lesquels la raison est la souveraine maîtresse, ou de ceux qui n'ont pu encore dégager leur Bible du milieu des décombres de l'histoire et de l'exégèse.

(**) Les Archives du Christianisme.

(***) J'en ignore le titre, l'auteur est M. Ernest de Naville.

lire , a fait connaître ce personnage à plusieurs , au moins à moi, sous des rapports bien propres à exciter en sa faveur un profond intérêt , tout empreint de tristesse, quoique mêlé de quelque espérance. — Aussi haut que remontent mes souvenirs sur M. Maine Biran (1811-1812) , je crois conserver encore quelque idée de ses traits où un sourire bienveillant se mêlait, (avec quelque effort sans doute, puisqu'il souffrait intérieurement), à la gravité et au sérieux de l'administrateur, et comme je l'ai appris depuis, du savant et du philosophe. Je me souviens qu'à une distribution de prix, cet ami de la science nous parlait de « Pythagore immolant cent bœufs à Jupiter pour avoir trouvé le carré de l'hypothénuse. » En ma qualité de l'un des lauréats de ma classe, j'ai dû être, après plusieurs autres, embrassé, ou salué par ce fonctionnaire, dont sans doute alors j'admirais plus l'uniforme que le talent, et que dans la suite j'ai entendu proclamer comme un grand homme (*). D'après ce que j'ai dit de moi-même on

(*) Dans le cours d'un voyage en Angleterre et en Ecosse, riche pour moi en souvenirs pleins de douceur, un savant Irlandais, M. S. (que j'ai eu le privilége de rencontrer à Glasgow, dans une soirée donnée chez M. le Dr B........, à l'occasion du célèbre missionnaire et voyageur Livingstone), me parlait avec admiration de Maine Biran. Il m'apprit cette parole de Royer-Collard que j'ai vue ensuite dans les Archives : « Il est notre maître à tous ». Si ces lignes tombaient entre les mains de cet honoré professeur d'outre-mer, qui fut si bienveillant envers un étranger, incapable de lui donner la moindre chose qui répondît à ses besoins intellectuels, qu'il sache que ce dernier lui souhaite la bénédiction de la science du salut par Christ, s'il ne la connaît pas encore, ou une augmentation toujours plus abondante de cette grâce, s'il en est déjà l'heureux possesseur.

conçoit que M. Maine Biran ne me communiqua pas son enthousiasme d'alors pour les mathématiques. — Puissent les aspirations qu'il paraît avoir eues en d'autres temps, vers de plus précieuses vérités, s'être trouvées le résultat d'une œuvre de Dieu en lui, pour amener (ne serait-ce que par un mot de l'Écriture cité par Fénélon ou François de Salles), pour amener, dis-je, jusqu'à la Rédemption et à la grâce, ce cœur fatigué d'une lutte que la philosophie était entièrement impuissante à terminer par une solide paix !

Et si vous me demandiez maintenant de quel droit je viens vous parler d'un homme éminent dans le monde, avec lequel un pauvre garçon n'a pu avoir que des rencontres accidentelles et passagères, voici ce que je dirais pour mon excuse, toutefois en doublant et triplant encore mes réserves habituelles, relativement à l'exactitude de mes souvenirs qui pourraient n'être ici que comme un rêve à peu près effacé. — De M. F. Biran le fils, avec lequel j'avais eu au collége une querelle dont en majeure partie les torts et les hontes devaient retomber sur moi, j'ai pu remonter en idée jusqu'à M. Maine Biran le père ; puis, quelques années plus tard (comme je le faisais pour plusieurs camarades d'école, et leurs parents), joindre dans ce que j'appelais mes prières, ces deux noms à celui d'un neveu de M. Maine, — l'élève P. B., vers lequel je m'étais senti plus ou moins fortement attiré. La fin, hélas ! si triste de ce jeune homme a dû être pour son oncle une affliction de plus ajoutée à « ces funestes impressions internes qui absorbaient son existence, et l'ont rendue si misérable » ('). — Si ce qui précède sur ma prière réelle ou de pure forme, n'est pas tout-à-fait conjectural, l'écart que j'ai fait en passant de moi à l'homme distingué, dont le nom semble égaré dans ces pages, vous paraîtra sans doute un peu plus tolérable. D'ailleurs, « le riche et le pauvre se rencontrent » (Prov. XXXII, 2) de plus d'une manière. Et il ne serait peut-être pas aussi difficile que se l'imaginent les personnes habituées à se prosterner devant ce qu'elles appellent les natures d'élite, et à diviniser le génie ou le savoir, de montrer une trop grande ressemblance entre un homme à haute capacité tel que M. Maine B., et un misérable écolier comme je l'étais alors. L'un et l'autre *« renfermés sous le péché »* qui nous égalise encore mieux que la mort, selon l'idée d'un grand penseur ("), ne nous touchions-nous pas aussi par la souffrance intérieure, cette autre fille et compagne du péché ? — Lui, cherchant la vérité dans des sphères trop peu élevées, renversant ses systèmes philosophiques les uns sur les autres, à mesure qu'il en voyait le vide et le néant, il « perdait ses jours, consumait sa vie », entraîné « par ce qu'il appelait le fatum », « désespérant de lui-même »("'), sans savoir lever les yeux vers Celui qui eût dissipé les ténèbres de son âme, fait luire dans son cœur « la véritable lumière, et lui eût donné par la foi » « l'espérance qui ne confound point »....Moi, hélas ! un fils de Tabéal, méchant garçon,

---

(') Expressions du Journal de M. M. de B.
(**) Vinet.
(***) Autre allusion au Journal cité.

recevant de mes camarades de mauvaises leçons et de mauvais exemples dont je ne profitais que trop, mentant et faisant tort à des maîtres dont les bons offices, ou mieux, les bienfaits à mon égard, auraient dû être tout autrement reconnus, dépité par la censure d'un vieux pasteur qui me reprochait de faire le docteur à ses instructions, effrayé pour en avoir entendu un autre parler de l'attraction universelle comme pouvant amener la conflagration de la terre par le soleil, enfin déjà comme courbé sous le poids d'une conscience coupable, et étant « sans Dieu, et sans espérance en ce monde » puisque j'étais « hors de Christ », — moi, je me traînais de mon côté dans une voie sombre et douloureuse ! En sorte que quelque différence qu'il parût y avoir entre le but que chacun de nous poursuivait, le résultat était le même, — la souffrance minait ces deux âmes, — et non moins que l'homme « sage selon la chair » — l'enfant insensé « se creusait des citernes, des citernes percées qui ne gardent point les eaux ! » (Jer. II, 18, 19, 13.)

Et ici je retombe sur un terrain qui, pour être commun à l'humanité déchue, n'en était pas moins tout particulièrement le mien à l'époque de mon séjour dans le collége de B.......

Une démarche inconsidérée, et pis encore, que je fis en embrassant inutilement la querelle d'un sous-maître qui se raccommoda avec la direction et conserva son poste, me mit moi bien et duement hors de cette pension, dans laquelle je n'aurais probablement pu rentrer, lors même que, pour y reprendre ma place, j'aurais fait des efforts que je ne fis pas. — Me voilà donc déjà de si bonne heure, c'est-à-dire à l'âge de seize ans , à l'approche de l'automne de 1812 , hors d'un cours d'études suivi, l'édifice de mon instruction reposant sur une frêle base à laquelle manquaient plusieurs des matériaux qui eussent dû la consolider , et s'arrêtant à une si faible élévation et à une si grande distance du plus modeste de tous les faîtes ! — Et ce ne fut qu'après un long intervalle d'inaction complète pour le bon et l'utile, mais d'une trop grande activité pour le nuisible et le mauvais, qu'en une petite ville de la contrée, je pus être employé comme répétiteur dans une Institution dont, quelques années auparavant, j'avais été l'un des élèves. En échange des éléments de latin que j'y enseignais, je devais recevoir quelques leçons de littérature et de composition. Je ne travaillai pour moi-même qu'irrégulièrement et sans suite, et le peu que je fis n'ajouta ni un étage, ni même une assise de pierre à la petite construction, tout au plus une légère couche de plâtre vint un peu en blanchir l'extérieur. La seule chose vraiment utile que j'aie acquise dans cette pauvre période, et seulement encore comme moyen préparatoire de bien pour l'avenir, ce fut l'étude que j'eus occasion de faire des premiers rudiments de la langue anglaise. Je n'ai nul sujet de mettre en doute que dans cette circonstance, peu significative au premier aspect, le Seigneur n'ait eu des vues de miséricorde envers moi. Il vaudra la peine de suivre, dans le cours de ce récit, les divers développements de ce petit grain d'instruction, qui, dans la pensée de mon pauvre cœur, ne pouvait être ensemencé que « pour la chair », mais que Dieu, dans son dessein d'amour, voulait faire croître et fructifier « pour l'Esprit ».

Mais que de temps encore devaient se prolonger et s'épaissir chez moi, les ténèbres spirituelles et morales ! —Sous ce rapport, j'ai à dire du poste dont je parlais tout à l'heure, que je l'ai occupé assez de temps pour y faire et pour y recevoir bien du mal ; — d'autant plus que c'est de cette époque que date mon entrée dans ce qu'on est convenu d'appeler la société, et même la bonne société, où je me suis trouvé reçu tout comme un autre en ma qualité de jeune homme exerçant une profession lettrée. — Je ne détaillerai pas ici les misères, les petitesses de l'état de choses que j'ai vu établi dans ce milieu, dont, en tant d'endroits divers, et pendant si longtemps, j'ai partagé les folies ! Le monde était là ce qu'il est partout, sous ses formes très diverses. C'était un quartier de « la foire de la vanité » là où le pèlerin qui se dirige vers la cité céleste crierait inutilement dans les places et dans les rues, qu'il veut « acheter la vérité » et n'en trouverait pas une parcelle à acquérir, quand il aurait d'immenses trésors à offrir en échange. Il suffit, d'un côté, de savoir un peu en quoi consiste cette « existence légère s'évanouissant dans les ris », et de l'autre, d'être dans son bon sens, pour être prêt à donner un plein assentiment aux paroles de John Newton qui affirme quelque part que, en dehors des châtiments éternels qu'elle entraîne, il aimerait mieux ramper sur la terre comme un ver, que de mener une semblable vie. —

Combien sont heureuses les familles qui peuvent garder leurs enfants dans le foyer domestique, et les empêcher de mettre un pied imprudent, je ne dirai pas dans cette ruche, car, quoique les abeilles piquent, elles font du miel, — mais dans ce guépier, où il n'y a que des piqûres à recevoir ! — Il sait bien de quels éléments est composé le monde, Celui qui dit à ses enfants : « N'aimez point le monde, ni les choses qui sont dans le monde ; car si quelqu'un aime le monde l'amour du Père n'est point en lui... Le monde passe avec sa convoitise ! »... (*) (1 Jean II, 15, 17). Que le Seigneur donne à toute sa famille un esprit de discernement, pour qu'elle sache connaître ce qui est du monde et s'en tenir à distance!

(*) C'est un certain Cardinal (de Bernis) qui, dans ses poésies, à bon droit appelées légères, donne à la jeunesse ce conseil, trop aisément écouté et suivi.

Pau. — Imprimerie et lithographie Veronese, rue Bayard, 1.